성연 시인선 28

가슴 안에 울리는 진동

조윤희 시집

도서출판 성연

2 | 가슴안에 울리는 진동

| **시인의 말** |

―가슴 안에 울리는 진동―

언제부턴가 저도 '시인'이라는 이름표를 달게 되었습니다. 달려가는 생각들을 노트에 두서없이 적어두곤 했습니다. 때로는 단어로, 때로는 문장으로 쌓여가던 기록들이 마치 블록처럼 차곡차곡 쌓이며 글이 되어 가는 과정은 저에게 참으로 신기하고도 즐거운 일이었습니다.

하지만 그 모든 순간은 잠시의 유희였는지도 모르겠습니다. 이제 활자라는 옷을 입혀 세상에 내놓으려 하니, 저의 글이 너무나도 허술하고 빈 듯하여 부끄러움에 온몸이 달아오르기도 합니다. 그럼에도 늘 뒤에서 기도해 주신 부모님을 비롯한 가족들, 그리고 시와 늪 회장님을 위시한 문우들의 따뜻한 격려는 다시금 용기를 내게 하였습니다.

책이 세상에 나오고 나면, 아마 후회도 뒤따르겠지요. 그러나 영원한 그리움으로 살아가는 우리 모두의 지친 삶에, 이 작은 시집이 아주 작지만 조용한 위로가 되기를 바랍니다. 제 내면의 샘에서 울려 퍼진 잔잔한 진동이 이 글을 접하실 모든 분의 마음에도 스며들기를 기도합니다. 가정마다 사랑과 평안이 함께하시길 바랍니다. 감사합니다.

2025년 6월 30일 조윤희 올림

시인의 말 • 3
목차 • 4

1부. 물꽃 아래

주남의 속삭임 • 10
위양, 너의 마음처럼 • 11
달빛의 길 • 12
그대의 계절로 흐르다 • 13
그대, 봄으로 오소서 • 14
겨울 안의 봄아이 • 15
빛으로 온 당신 • 16
연정(蓮情) • 17
물꽃 아래 • 18
그대의 강으로 • 19
정지의 꽃 • 20
연꽃바다 • 21
청사포, 너라는 물결 • 22
여름을 걸으며 • 23
겨울빛 속에서 • 24
낯선 밤바다 • 25
흰여울, 바다의 언어 • 26
존재 이상의 봄 • 27
여름사랑 • 28
연의 이름으로 핀 여름 • 29

2부. 가을 품

어느 노영웅의 눈물 • 32
한 사람을 떠올리며 • 33
어느 영웅의 귀환 • 34
겨울의 품 • 36
아름다운 시간을 그리며 • 38
겨울소경 • 40
함덕 해수욕장에서 • 41
홍매화의 향연 • 42
동백 낙화 • 43
봄 연서 부칩니다 • 44
봄날의 연서를 띄우며 • 46
바람 높은 날, 바다에서 • 48
홍련으로 서성이다 • 50
비의 꽃처럼 • 51
가을을 걸으며 • 52
금시당 은행나무 앞에서 • 54
변산바람꽃 • 56
차이나타운 야경 속에서 • 58
오월의 눈이 날리는 • 59
여름 초청 • 60
가을 품은 위양지 • 61

3부. 자란의 꽃말은

구절초 사이를 걸으며 • 64
겨울의 노래 • 65
겨울 바다를 바라보며 • 66
겨울이 흘러든 감포에서 • 68
사랑을 위하여 • 70
매화 • 71
겨울비 내리는 새벽에 • 72
봄을 꿰다 • 74
배롱꽃 그대는 • 76
부추 꽃 • 78
단풍에 설레이며 • 80
제주 중문 주상절리에서 • 81
노을에 기대어 • 82
봄 잉태 • 84
입춘 지난 매화 앞에서 • 85
자란의 꽃말은 • 86
무궁화 곁에서 • 88
나팔꽃 춤으로 • 90
공작단풍 • 91
영도 밤바다 • 92

4부. 만주바람 꽃

사랑을 위하여 • 96
연둣빛 계절을 시작하며 • 98
이기대 푸른 바다에서 • 100
기억을 너머 여전히 • 102
가을 산책 • 103
가을 사랑 • 104
이중섭 그리고 나는 • 106
매화처럼 꽃으로 다가오소서 • 108
하동 벚꽃 • 110
가을벚꽃 • 111
꽃의 언어로 • 112
수련에 숨긴사랑 • 114
비 안에서 사랑 걷다 • 116
그대와 함께 다시 • 118
이 짧은계절에 • 120
월성 계곡 수달래처럼 • 122
합포천 자운영 • 124
바다에 서서 • 125
만주바람꽃 • 126

5부. 가슴안에 울리는 진동/ 조윤희 시집 시 해설

－침묵의 언어, 정적인 장면을 통해
　　정서를 섬세히 그려낸 시들－－
　　　　－배성근(시인,수필가)시와늪문인협회회장 • 130

《빛으로 온 당신》

바다를 건너온 당신은
낯선 계절 속, 따스한 봄이었다

나는 뿌리 뽑힌 씨앗처럼
흔들리다
당신의 눈 속에 집을 지었다

같은 길 위에서
시간은 연꽃처럼 피었고
사랑은 들숨처럼 잉태되었다

지금, 이 숨이 다하더라도
당신은 나의 빛
나는 당신의 흙으로 남겠다

사랑은 시간을 견디는 이름
나는 안다
이별조차 당신 닮은 온기라는 것을

- 조윤희 시인의 「허황옥의 애가」시 에서

| 1부 |

물꽃 아래

01 | 주남의 속삭임
02 | 위양, 너의 마음처럼
03 | 달빛의 길
04 | 그대의 계절로 흐르다
05 | 그대, 봄으로 오소서
06 | 겨울 안의 봄 아이
07 | 빛으로 온 당신
08 | 연정(蓮情)
09 | 물꽃 아래
10 | 그대의 강으로

11 | 정지의 꽃
12 | 연꽃 바다
13 | 청사포, 너라는 물결
14 | 여름을 걸으며
15 | 겨울빛 속에서
16 | 낯선 밤바다
17 | 흰여울, 바다의 언어
18 | 존재 이상의 봄
19 | 여름 사랑
20 | 연의 이름으로 핀 여름

주남의 속삭임
― 주남 저수지와의 조우

기억의 날개가 젖은 바람을 타고
주남의 품으로 나를 데려갔다
그곳은 바람도 꽃잎처럼 말을 걸고
논밭도 물을 품은 시선이었다

갈대는 병풍처럼 둘러서고
연잎과 옥잠화는 수면 위에
한 폭의 초록 기도를 펴 놓았다

나비와 잠자리는 발끝에 내려앉아
지친 하루를 어루만지고
백수련과 낮달 맞이는
꿀벌의 탐욕마저 춤으로 받아냈다

사람이여,
여기 주남은 말이 없다
그러나 매 순간
당신을 부르고 있었다
메마른 가슴에 이슬처럼
태고의 숨결을 적시며

위양, 너의 마음처럼

꽃바람이 스친 자리에
구름이 꽃이 되어 눕고
연못은 하늘을 품은 채
물새의 날개로 숨을 쉰다

산허리도 너를 닮아
초록의 입김을 남기고
솔길은 계절을 잊은 듯
느리게 사랑을 걷는다

위양은 말없이 가르친다
변함없이 머무는 것이
가장 깊은 사랑이라

그러니 나도,
너도
이 물처럼, 이 연못처럼
가만히 머물러
하늘을 품자

* 위양(위양못): 신라~고려시대 때 축조된 연못으로, 농사를 위해 만들어졌던 둑과 저수지로 양민을 위한다는 뜻을 지니고 있다고 함

달빛의 길
- 기다리며

달이 녹아 걷는 산길,
별들은 알처럼 길 위에 놓이고
고운 고개마다
님 기다리는 마음 담아 빛난다

사랑은 눈꽃처럼 떨어지며
한 걸음, 또 한 걸음
달빛이 되는 것

그리움은 산등성이에 머물러
눈 안에 사랑이 핀다

그대의 계절로 흐르다
－흐름

그대 살아 있는 계절로
나의 그리움 한 줄기
봄물 되어 흘러갑니다

함께할 시간은 짧고
머무르고픈 마음은 깊어
강물은 멈춤 없이
당신의 계절로 향합니다

폐허 위 잡초처럼
자라난 혼란을 걷어내며
나는 내면의 강을 정돈합니다

겨울을 지나
따스한 사랑으로 피어나는
변치 않을 봄,
그 꿈은
오늘도 흐릅니다

그대, 봄으로 오소서
−봄, 어서 오기를

눈길 닿는 자리마다
숨결 하나, 꽃처럼 움트고

지나간 시간이
그날의 향기로 피어
내 마음 곳곳을 물들이네

겨울 언덕 너머
사랑은 아지랑이 되어
눈 안에, 가슴 안에
꽃으로 핍니다

그대는 나의 봄
평안이요, 기다림이니
마중 나온 이 길 위로
어서 오소서

겨울 안의 봄 아이
- 시선 멈춰지다, 봄

겨울 잎 위로 쏟아지던
볕살 몇 점, 춤처럼 흩어지고
눈시울엔 찬란한 떨림이
물결처럼 번졌습니다

멈춰 선 시선 끝,
작은 생명들이
그리움처럼 붉게 매달려
겨울 춤 추고 있었지요

그 붉은 숨결이
내 안의 사랑을 흔들며
불러세운 당신의 떨림 앞에
나는 시선을 내려놓습니다

겨울 속 봄,
숨죽인 꽃봉오리여
조심스레 피어날
내일의 달콤한 꿈이여
보고 있어도, 보고 싶습니다

빛으로 온 당신
— 허황옥의 애가

바다를 건너온 당신은
낯선 계절 속, 따스한 봄이었다

나는 뿌리 뽑힌 씨앗처럼
흔들리다,
당신의 눈 속에 집을 지었다

같은 길 위에서
시간은 연꽃처럼 피고
사랑은 들숨처럼 잉태되었다

지금, 이 숨이 다하더라도
당신은 나의 빛
나는 당신의 흙으로 남겠다

사랑은 시간을 견디는 이름
나는 안다
이별조차 당신 닮은 온기라는 것을

연정(蓮情)

여유 없이 살아온 삶
마른 목숨 할짝이며
시간을 궁글대던 민낯을
가만히 안아주는 그대

물빛 담은 여유로움으로
할퀸 상처마다
입맞춤하며 달래주던
부드러운 시선을 가진 그대

내리꽂는 볕살 촉수들 피할
커다란 그늘 마다하고
그대 오실 길 맞으려
또 한 걸음 내딛는 연향

휘감기는 그리움
향기로운 노래로 옷을 입고
꽃분 칠한 빛으로 춤을 추며
달려오실 그대를 *흐놀다

*흐놀다 :「…을」 무엇인가를 몹시 그리면서 동경하다 라는
  뜻을 가진 우리말

물꽃 아래
– 분수대에서

물꽃이 튄다
시간보다 느린 내가
아이의 발로 되뛴다

하늘이 웃고
구름이 소매를 잡아끌고
바람은 등을 떠민다

젖은 웃음이 먼저 자라
분수대 위를 장난친다
어른도 아이도 아닌 채로

똑—
여름 한 방울
내 옷자락
끝에서 흘렀다

그대의 강으로
  - 가을을 부르다

깃털 없는 날개로
얼마나 허공을 쳤는지요
그대, 잘 계신가요

멈춘 강을 거슬러
연어처럼 아팠습니다
그리움이 내 하루였지요

당신 품을 향해
나는 낙엽처럼 걸었습니다
숨 가쁘게, 조용히

다시 시간이 겹친다면
추억이란 알을 낳을까요
그날까지, 내 사랑 안녕히

정지의 꽃
- 문득

걷다,
문득 멈춘다
바람도 소리도 없는데

내 숨이
내 발자국을
방해하는 날

고요가 나를 부른다
깊은 터널 속 그림자처럼

그때
당신이 내 손을 덮는다
나는 조용히
피어난다
말 없는 꽃으로

연꽃 바다

뜨거운 태양 한가득 품은 채
가파른 숨넘어갈 듯
여름을 분만하고는
상기된 얼굴 하악 하악
수면 위로 꽃을 밀어 올린다

발걸음 뗄 때마다
쪼르르 쫓아온
간지러운 연향의 유혹에 웃고
개구쟁이 같은 여유 품은
연꽃 바다 파도에 넘실댄 가슴

빛바랜 동심과 마주한 듯
하늘빛 구름 빛 올려다보며
열기 가득한 주남저수지
바람 날개 되어
꿈으로 날아오르다

청사포, 너라는 물결
－다시 찾은 청사포

그리움이 내 발을 끌었다
시간보다 먼저 도착한 눈빛
너는 말없이
나를 껴안았다

고요한 파도,
그 속엔 너의 목소리가 있었다
흘렀다
"다시 사랑하자"는 속삭임처럼

푸르른 숨결 하나
볼을 스치자
나는 기꺼이
너라는 물결에 빠져들었다

청사포
내 여름 바다속으로

여름을 걸으며

길 가으로 풀잎들 일렁대도
당신인가 합니다

여리디여린 꽃대에 매달린
꽃망울 하나둘
햇살에 반짝여도
당신인가 두근댑니다

먼발치서 들리는 바람 소리
당신 안부인가 하고
맨발로 나가 섰네요

익어가는 계절
하이야니 개맥문동
보랏빛 맥문동의 손짓에도
흐트러진 마음
가눌 길 없습니다

한 걸음 한 걸음
시간을 걸어가다 보면
당신은
저만치서 오시겠지요

그리움의 이름 부르면서

겨울빛 속에서
-겨울소경

하늘이 웅크린다
슬픈 호수처럼 깊게,
해는 그 그림자마저
눈길 따라 흘린다

남은 온기 쓸어안으려
손끝 모아보지만
겨울은 바람의 이빨로
덥석, 물고 만다

"춥다"는 입김 사이로
불 켜진 창 하나
가슴을 다려내듯
그리움이 피어난다

숨죽인 들녘
차가운 풍경 안에서도
한 점 붉은 감성,
하늘빛 속에 번져간다

낯선 밤바다
-함덕 해수욕장에서

그대의 발자욱,
모래결 사이
한 소절 바람처럼 스며든다

가을이 스며든 줄 알았더니
봄밤의 랩소디가
귓가를 적신다

수평선 너머에서
기다림이 몸을 실어 다가오고
낯선 이 밤의 바다,
그대 향처럼
속삭이며 감긴다

흰여울, 바다의 언어
― 흰여울마을을 그리며

시간은 바다에 멈춰 섰고,
만남도, 이별도 아닌
파도의 언어 위에
수천 개 영상이 넘실거린다.

시린 길 끝,
벌거벗은 하소연 앞에
푸른 그리움이 떠다니며
여전히 바다가 되어 있다.

하얀 포말은
오늘과 어제의 경계를 부수고,
만남과 이별 사이를 춤추며
계절의 비밀을 숨긴다.

새벽 닭 울기 전 돌아선 한 사람,
그를 품은 사랑처럼
바다는 조용히
세월의 언덕을 안는다.

봄이 와서
부드러운 손길로
모든 것을 어루만질 때까지,
바다는 기다린다.

존재 이상의 봄

당신 이름은
푸른 바다 너울 되어
내 심장 위에 춤추고,

당신 존재는
노을빛 하늘처럼
내 삶을 아름답게 덮는다.

당신이 있어
웃음과 눈물 모두에
빛이 내려와 사랑이 자란다.

바꿀 수 없는 존재,
내 가슴 꽃 피우며
긴 겨울 터널을 지나,

찬란한 존재로 걸어오는
내 당신

봄.

여름 사랑

맑은 하늘 볕살 사이
뜨거운 숨결처럼 번지는
그대 사랑 안아
마른 목숨도 달래고

청아한 시선은
상처마다 입맞춤하며
내려꽂는 태양 촉수 피해
한 걸음 한 걸음
조마조마 그대 향해 간다

태양 품은 산모처럼
상기된 얼굴 하악거리며
여름을 분만해 내고,
담벼락 기대어
수면 위 사랑을 밀어 올린다

우리의 사랑을

연의 이름으로 핀 여름

대기의 들숨 날숨 사이로
뜨거운 열기 한가득 내뱉을 때
숨 막히는 풀무질에 연단되듯
대지의 탄식은 헉헉댄다

열기 내려 앉은 수면 위로
넓다란 초록 덮개 사이
봉긋봉긋 처녀의 수줍음이
천년의 호기심을 내민다

깊이 조차 알 길 없는 물 속에서
억만겁이라도 지났을 만큼
그립다 그립다 외쳐대던 시간들이
눈부시게 소환되어 피었다

여름이 피었다
내 소중한 연의 이름으로

| 2부 |

가을의 품

01 | 어느 노영웅의 눈물
02 | 한 사람을 떠올리며
03 | 어느 노영웅의 귀환
04 | 가을의 품
05 | 아름다운 시간을 그리며
06 | 겨울소경
07 | 함덕 해수욕장에서
08 | 홍매화의 향연
09 | 동백 낙화
10 | 봄 연서 부칩니다
11 | 봄날의 연서를 띄우며

12 | 바람 높은 날, 바다에서
13 | 홍련으로 서성이다
14 | 비의 꽃처럼
15 | 가을을 걸으며
16 | 금시당 은행나무 앞에서
17 | 변산바람꽃
18 | 차이나타운 야경 속에서
19 | 오월의 눈이 날리는
20 | 여름 초청
21 | 가을 품은 위양지

어느 노영웅의 눈물

말 없는 날들,
입은 닫힌 채
고개 숙인 해바라기와 인사하며
낯선 바다 넘어
친인들의 눈웃음 속
안녕 없는 안녕을 흘렸다

증기선 게으른 숨결 타고
깜깜한 별 아래
밥 한 술 못 삼키고
붉게 뒤집힌 눈으로 잠든 밤

달리고 또 달리며
승리의 월계관 쓰고도
함성 없이
죄 아닌 죄로 몸 부르며
말 없는 달리기,
나는 말한다

한 사람을 떠올리며

마의 언덕을 오를 때마다
그리운 얼굴이 떠올랐다
바람에 실려 온 어머니의 목소리
"힘내라, 내 딸아"

아픔도 고통도 무겁지만
내 안에 피어난 뜨거운 불꽃
그 불꽃이 나를 다시 일으켰다

저 멀리 모리시타의 그림자도
이젠 두렵지 않았다
함께 달려온 이 길 위에
우리는 모두 영웅이다

결승선이 눈앞에 다가오고
숨이 차고 다리가 떨려도
가슴 속 태극기가 흔들리는 한
나는 달릴 것이다

한 걸음, 또 한 걸음
어둠 속에서도 빛을 향해
나는 달리고 있었다
어머니의 응원속에

어느 노영웅의 귀환

이제 시작이다
뛰기 싫어 차에 뛰어들던 나
뜨거운 발바닥에 서 있기조차 힘겨웠다

왜 이 길에 섰는지,
왜 달리기 시작했는지 몰랐다

스페인 몬주익 올림픽 스타디움
낯선 이름, 낯선 나라, 낯선 말
엇갈린 모습의 이들과
한 목표로 달려야 했다

어머니는 건강히 다녀오라 하셨고
많은 이가 응원하며
내 가슴에 태극기를 달아주었다

1키로, 5키로, 10키로,
100미터마다 무더위와 무게가 더해지고
15키로, 20키로,
뭉친 근육은 고통을 호소했다

34키로, 마의 언덕
죽음의 코스에 남은 건 나와 모리시타 한 사람
내 뒤에서 숨죽이며 따라오는 그는
나쁜 자식, 한 100미터 뒤에

한 걸음씩 언덕을 오르며
나는 한 사람을 떠올렸다

가을의 품

여름 내내 활짝 열어놓은 창틈으로
거부할 수 없는 청명한 하늘빛이
밀물처럼 스며들어 앉는다
떨어지는 비늘들 고통을 안아내며
짙은 안개 속 연어 떼처럼
길게 뻗은 땅거미 사이로 헤엄친다

뜨겁게 불태웠던 한때의 시절
풍요로운 황홀감에 떨면서
화려한 꽃송이를 수놓았던
꺾이지 않는 운명 같은 끌림 속에서
그대여야만 했던 이유들이
깊어진 주름살 틈새마다 스며들어
저무는 노을의 나른한 걸음이
서서히 사라지는 저녁을 응시한다

날개조차 펼치지 못한 채
열정과 회한에 몸부림치던
잿빛 노예의 공허한 발걸음 앞에서
갈바람의 부드러운 온기와 향기가
내게 허락된 하루의 꽃잎들을 어루만지며

살아내고자 갈망했던
가냘픈 희망을 다채로운 빛으로 물들여 놓는다

그대의 품 안에서 다시금
사뿐히 안기어 고요히 잠들고 싶다

아름다운 시간을 그리며

기억의 향기 덧없이 바래진 채
농밀했던 사랑의 시간들이
낙화하는 편린들로 채워지고
고독의 빛 아프게 흩날리며
바닥을 흥건히 뒹굴 때가 온다면
지난 날 우리가 되었던
아름다운 시간을 떠올리겠지요

소중했던 순간순간
놓칠 새라 주워 담고 싶어 헤매는
어느 한 날이 온다면
외로운 상처 덮어주며
시린 가슴 글썽이며 바라보았던
어떤 계산도 이기도 없었던
아름다운 시간을 떠올리겠지요

갈 길 잃은 채 어두운 밤길
끝도 없는 외로움의 낙엽들이
메마른 강바닥에 널부러져 있는
상상도 하기 싫은 잔인한 서러움이 온다면
우리가 하나였던 계절

아름다웠던 추억 하나 꺼내겠지요

탐스러웠던 꽃들의 거리가
시나브로 앙상한 가지들로 엉키어 갈 때
언제나 달뜨도록 속살대던
겨울 봄 여름이었던 창조의 질서따라
가을이 다시 온다면
더나은 성숙한 우리가 되기를 바라는 갈망이
아름답게 계절을 채색해 가겠지요

겨울 소경

여름내 뜨거운 볕살 잠시 스쳐도
원망스러이 하늘을 보았더니
깊은 호수마냥 펼쳐진 시린 하늘
슬픈 해 그림자 겨울 따라 나선다

잠시라도 남겨주고 간 온기
품 안으로 끌어 모으려 할수록
잽싸게 달려온 서늘한 기운만
손끝을 깨물어 버린다

입술에 머문 주문처럼
춥다 춥다 연신 중얼대다가도
저 너머 불 켜진 창을 보다보면
가슴 한켠 적셔지는
따뜻한 그리움 한 조각

고립된 채 드러누운
겨울의 풍경 속에서도
흐르는 숨소리가 묻어나면서
시린 하늘빛에도
붉은 감성 하나 그려진다

함덕 해수욕장에서

한겹 한겹 고운 선율로
왔다가 물러가는 그대의 발걸음을
넋놓고 듣고 앉았다

함덕의 고운 모래펄 사이로
가을이 스며든 줄 알았더니
봄밤의 랩소디가
향기롭게 귓가를 적신다

수평선 너머에서부터
기다림을 안아주려 다가온 듯
낯선 밤의 바다는
그대의 향기처럼 포근하기만 하다

홍매화의 향연

겨울의 마지막 자락
동여맨 틈바구니로
시리도록 시린 시간을 깨뜨리는
홍매화가 한창이다
뉘라서 알았을까 아름다운 것도
찬란한 칼날의 향연이 될 수 있다는 것을
시간보다 먼저 서두르는
성급한 꽃들의 춤사위
겨울 속 흔적들을 지워내고
새로운 날을 꿈꾸게 한다
함께 할 따뜻한 시간 속으로
홍조띤 미소 머금은 홍매의 춤이
붉게 수놓아 갈수록
설레이는 봄향은 짙어만 간다

동백 낙화

내 삶 늘 푸르기를 바랐으나
중년의 시간을 걸으며
반복되는 하루의 중압감으로
가끔
지쳐갈 즈음
손 내민 당신이 고맙습니다

뿌리칠 수 없는 소소한 일상에
살갑게 다가오는 환한 미소는
마음 한켠
가볍게 덜어주는
여유의 틈으로 안겨와
무채색 신음을 뱉어내게 합니다

지심도를
꽃물들이기 전
스치는 바람 한 조각에도
난도질부터 당한
이지러진 청춘의 몸짓이
그럼에도 아름다운
그리움의
붉은 보폭(步幅)을 그려냅니다

봄 연서 부칩니다

무채색 수채화처럼 번져온
쓸쓸한 일상일지라도
바람결에 스민 하루의 조각들을
조심스레 주워 담아
당신께 부치는 안부로 물들입니다

때론 말없이 삼켜버린
몇 줄의 그리움이
햇살 틈 사이로
가만히 미소 지으며 피어납니다

오늘도 그대와 함께
이 길을 걷습니다
마치 처음부터 봄이었던 것처럼

서로의 눈빛 안에
오래된 계절 하나 숨겨두고
묵은 세월의 외투를 벗듯
묻어둔 순정 하나
살풋이 고개를 듭니다

소금처럼 말라붙은 숨결 사이
당신의 눈길이
연둣빛 생기를 불어넣고
그 숨결이 꽃잎처럼 나풀거리며
나의 가슴을 적십니다

숨죽이며 피어나는 봄날
이 사랑 또한 그렇게
가만히 피어나
다시, 당신에게 연서를 부칩니다

봄날의 연서를 띄우며

시린 세월이
주름진 무릎을 꿇고 앉아
굳어버린 마음을 쓰다듬습니다

헝클어진 머리칼 사이로
헛헛한 한숨이 스며들 무렵
어느 봄, 꽃향기처럼
귓가에 속삭이는 부름이 다가옵니다

"이젠, 일어나도 돼"
거울 앞, 오래 묵힌 화장품을 열며
시간 위에 분을 바릅니다

쉼 없이 돌고 도는 시간의 궤적을
어쩌면 꽃길 같았던
그날들로 되감아보며
우리만의 이야기들을
바람의 노랫결에 꿰어 보냅니다

가슴 언저리까지 번진 바람에 실어
봄날의 연서를 띄웁니다

봄날 같던
그대와 다시 부를
우리의 시간을 위하여

바람 높은 날, 바다에서

그대 앞에만 서면
속을 들킨 듯 뛰는 심장 소리가
파도처럼 요동칠까 봐
들키지 않으려
몇 번이고 시선을 피하며
애꿎은 하늘만 올려다보았습니다

걷잡을 수 없이 쏟아지는
물결의 포효 앞에서
날마다 이름을 부르짖던 그리움이
속살까지 드러낸 채
하소연처럼 떠오르곤 했지요

자유마저 매인 듯 흔들리던 바람,
제발 내 속마음을
가만히 읽어주길 바라며
나는 그 바람 쪽으로
조심스레 걸어갔습니다

익어가는 바다는
제 빛만 좇아 분주한데

내 어리석은 시간들은
자꾸만 당신을 향해 돌아섭니다

소소하게 살아낸 하루들이
무너져 내리듯
거칠어진 파도 위에서 흔들립니다

홍련으로 서성이다

아름다움의 꽃 속엔
지워지지 않는 울음이 숨어 있다
고요한 연못을 거슬러
오랜 기다림의 걸음이
느릿느릿 다시 피어난다

꽃잎이 저물며
서러운 작별의 춤을 추는 순간
빗방울 하나,
장단처럼 뺨을 두드리며
굵은 이별의 선율을 울린다

검푸른 진탕 속,
진흙을 딛고도
초록의 연잎 위로 조심스레 떠오른
그 한 얼굴,
그저 한 번 사랑하지 않을 수 없는 운명

연못가를 맴도는 이유는
내 허우룩한 영혼에
스며든 단정한 품격 때문일까
홍련의 숨결이 빛이 되어
내 안을 자욱이 적시고 있다

비의 꽃처럼

꽃들의 언어가
하늘빛에 젖어 속삭일 때
모든 살아 있는 것들의 숨결이
여름의 문을 두드린다
헛헛한 마음 한켠까지
조용히 씻겨 내려간다

촉촉이 적셔지는 내 감성의 들판에
햇살의 칼끝을 막아주는
그대,
가끔씩 다정히 문을 두드리는 방문처럼
고요한 쉼표가 되어 머문다

어떤 얼굴일지라도
내게 내리는 그대는
거부할 수 없는 계절이며
내일로 향하는
따뜻한 물빛 한 잔이다

비가 피운 꽃
수국처럼
그대는
슬픔마저 품고 피어난다

가을을 걸으며

또 한 계절,
그대의 뒷모습처럼 불어온다
가슴 언저리를 스치는 바람은
이름 모를 사연을 담고
내 시선 앞에 조용히
길이 되어 눕는다

햇살이 조붓하게 마루 끝을 건너오고
그대의 웃음 같은 낙엽이
해사하게 춤춘다
한 잎, 두 잎
가벼운 고백처럼 흔들린다

하루라는 울타리 안에
스며드는 그대의 숨결은
시간마저 물들이는
사랑의 농도
빛으로 피어난다

나는 낮을 걷고
그대는 밤을 건넌다

쌓여가는 그리움은
푸르게 숙성된 추억이 되어
다시 올 내일의 문턱에
조용히 눌러 남는다

금시당 은행나무 앞에서

그리움의 무게는
낙엽처럼 가벼우면서도
심장을 눌러오는
그대의 중력이다

계절이 숨을 고르며
옷깃을 세울 즈음
노란 부채들이
사무치도록 내 발목을 붙잡는다

남천강 흐느끼던
세월의 회한 속에도
450년 하늘을 올려다보던
은행나무 한 그루
말없는 노래로 가을의 끝을 견디고 있다

익숙하지 않은 바람 한 줌
잠시 곁을 스치고
얇은 겉옷 틈으로 스며든
여린 볕살 한 조각,
그조차도 이 계절의

덧없고도 따뜻한 위로다

그대는 아직
오지 않았건만
나는 어느덧
붙잡고 싶은 마음이
이 나무처럼
이 자리에 서 있다

변산바람꽃

덧없는 사랑이었습니다
말끝마다 떨리는 고백처럼
비밀스레 움츠린 채
아무도 모르게 피어난
그대여

그대의 침묵은
다가올 시간의 향방을
은근히 점치듯
내 마음 한구석을 자꾸만 건드립니다

짧디짧은 만남
그 허공 위에 걸린 인연에
미어지는 가슴만
가만히 껴안고
나는 또 숨죽인 채
그대 하나를
하염없이 바라봅니다

흙의 체온 놓칠까 두려워
스스로 땅을 껴안고 있는

그대,
봄바람의 손길에도
파르르 흔들리는
한 송이 설렘으로

삶의 장단에 맞춰
엎드려 기다린 마음 하나
그대의 숨결에 실어
소담하게
이 봄에 담아 올립니다

차이나타운 야경 속에서

어색한 적막 아래
주섬주섬 줏어든 감성
능청스레 붙어선
그대의 흔들리는 동공

해맑게 말아 올린
살보드레한
웃음 한 줌
사랑스레
귓바퀴에 걸린다

멀뚱멀뚱 선 바닥 위에
비스듬히 누워 버린
차이나타운의
애잔한 불빛

흘깃 돌아보는
방문객의 시선 속에서
외로이
퍽퍽하게 감겨온다

오월의 눈이 날리는

봄 여운 살랑이며 속살대는
이팝의 부름에
늦을세라 위양의 못 가에
나도 서고
연두빛 그리움도 따라 서고

한 줌의 미소 띄운 채
다섯 섬 돌아 나온
싱그런 바람결 따라
정신없이 날음질하며
하늘이 반한 못 위에
오월의 눈이 날린다

곱게 빗질한 수목의 긴 머릿결
물 위에다 녹음 씻어내니
계절 속에 베풀어 놓은
*그린나래로 반영 품어내는
위양지의 몸짓들이 정겹다

*그린나래 : 그린 듯이 아름다운 날개

여름 초청

신음조차 삼킬 듯
분주해진 볕살 가루
찾아온 뜨락에
한 줌이나 더 뿌려진
몇 그램의 빛과 온도에 따라
여름 향기 일렁댄다

반가운 바람의 선율이 지나간
낯선 뒤안길에서는
떠나버린 시간의 틈 사이로
감추어 두었던 설렘이
일랑일랑 분출된다

지켜왔던 계절의 결계가 무너지고
고왔던 봄의 흔적들은
언제 이별을 준비했던지
떠난 빈자리 섭섭잖게
여름을 가만히 잡아당긴다

서로의 거리와 속도를 지닌 채
갈맷빛 사색에
꽃향기 덧칠하며
화려하게 한자리
분양하겠다

가을 품은 위양지

가지마다 휘어지도록
살랑이는 바람의 손길에
아리게 살아온 시간의 결속으로
절실한 반가움이
걸어두었던 빗장을 열듯
가을을 열었다

위양지의 완재정에도
더운 숨 내쉬며
누구도 기억지 않을
가득 고인 서글픔까지 녹여낸
부산스런 먼지들도
가을의 조각들을 끌어모아
대청마루에 걸터앉았다

사랑이란 말이 고인 채
그리움의 그림자를 채근하며
위양못의 정경이
가을 닮은 그대와 함께
농익어가는 기억으로
길가에 핀 개여뀌의 꽃말처럼
맘 속에 길게 드러눕는다
가을,
위양지의 가을이

3부 |

자란의 꽃말은

−자란: 식물 이름

01 | 구절초 사이를 걸으며
02 | 겨울의 노래
03 | 겨울 바다를 바라보며
04 | 겨울이 흘러든 감포에서
05 | 사랑을 위하여
06 | 매화
07 | 겨울비 내리는 새벽에
08 | 봄을 꿰다
09 | 배롱꽃 그대는
10 | 부추 꽃

11 | 단풍에 설레이며
12 | 제주 중문 주상절리에서
13 | 노을에 기대어
14 | 봄 잉태
15 | 입춘 지난 매화 앞에서
16 | 자란의 꽃말은
17 | 무궁화 곁에서
18 | 나팔꽃 춤으로
19 | 공작단풍
20 | 영도 밤바다

구절초 사이를 걸으며

하이얗게 지새운 그리움
수북하니 별이 된 채
길섶을 따라
가을을 흔들어 대며
구절초들 피었다

간질간질 춤사위에
자지러지게 다가오는
바람의 틈을
더욱 진해진 향기로
서로의 삶을 물어온다

함께 걷는 꽃길
구절초 꽃 자락에서
내 나이에서도
그대 앞에 핀
하이얀 꽃 숨이
가을이 되었다

겨울의 노래

끝없이 흘러가는 시간 속에서
그대를 만났음이
내게는 행복입니다

맑은 날 누렸던
고운 햇볕의 부스러기도
그대와 함께여서
내 안에서 맑음이었습니다

그대를 생각하면 할수록
가슴 언저리 아려지게 아파지니
그대는 내게 눈물입니다

한 시절 저물 때가 이르러
바라보며 누렸던 우리의 노을이
저만치 비껴갈 때
그리움에 그리움을 입혀
나는 그대를 떠올리겠습니다

그대는 겨울의 노래가 되어
시린 가슴 녹여주는
내 삶 속에 귀한 사랑이었음을
그대를 사랑합니다

겨울 바다를 바라보며

늘 곁에 있어
차마 말 못 한 의지의 무게,
남겨진 그대의 기억으로
허우룩한 시간 틈새를 채워가다
결국, 그 어느 것에도
내어줄 수 없는 추억들이
슬도의 파도 위로 너울거린다

햇살을 품은 푸른 수평선 너머
깔딱깔딱
넘어질 듯 밀려드는
시린 그리움의 물결,
하얗게 부서지며
가슴 깊은 곳
위태한 걸음을 안아 올린다

멀어지지 말자던 약속처럼
각질처럼 거칠던 순간들도
도리어 찬란했던 시간으로 세워지고

내 짧은 생의 어느 페이지에

가장 아름다웠던 그대는
여전히 사랑으로
영원의 색을 입힌 채

겨울이 흘러든 감포에서

맑디맑은 하늘을 소복이 품어버린
어느 감포의 수면 위에
조붓하게 흘러든 겨울이
맨살끼리 비벼대던
그들만의 결계 속으로
양심도 없이
비집고 들어앉았다

궤적을 따라 도는 시간 속에서
지워내고 싶은 만큼
베어낸 각질들
할딱거렸던 거친 통증과 울혈로도
그대의 뜨거운 호흡에 닿을 수 있다면
속살같이 여린 아우성은
몇 번이나 혼절해도
서럽지 않겠다

얼어붙은 이성의 실타래를
꿈결 같은 모체의 자궁 속으로
집요하게 밀어넣은 채
어느 날 떠올릴

살보드레한 꿈을 나누며
행복했노라 행복했노라
목이 쉬어져라
노래질을 하면서

사랑을 위하여

허락도 없이
너를 품어버렸다

사랑인지도 모른 채
시름시름 앓아갈 병 하나
몰래 키워 버렸다

혼자만의 호흡을
그냥 둘 수 없음은
너도 나 같아서였나 보다

너의 사랑을 허락받으려면
느릿느릿 다가오는 봄에도
기별을 해야겠다

내일은 너에게로 가서
마음 하나
넌지시 전할 용기를
이 밤 내려 달라는
순박한 모국어로
기도해야겠다

매화

가슴 한구석
갉아먹던 그리움
시간의 여울 속 스밈 되어
의식의 창 안은
봄빛으로 환기해주던
매화의 독백이
내가 선 땅에
구도자의 침묵 기도처럼
하늘을 바라고 섰다

여린 꽃잎들 다 피기도 전
삶의 한 소절
소절마다
때 이른
고온다습한 허밍에
찬연한 한숨 섞어 내쉬며
수그러들지 않은 감성의 거품은
삶의 여백 위에서
희망으로 호흡을 해대며
봄을 배회하는 풍경이 된다

겨울비 내리는 새벽에

아무도 없는 빈 공간에
그대가 내리는 소리를
혼자 듣는 축복을
누리고 있습니다

비껴 지나가는
사선들의 행렬이
방향을 바꾸곤 하지만
정확히 아래로
곤두박질칩니다

잠이 깬 까닭입니다
그대의 보채는 소리에
딱딱한 의자에 앉아
음표에도 없는
오케스트라의 협주를
들을 줄이야
누가 알았을까요

그대가 내리는
모두 잠든 새벽에

오롯이 자리를 지키며
그리움 하나 섞어서
하늘을 향합니다

봄을 꿰다

반짝이는 햇살이
꽃빛의 물레를 감돌 때
그 찬란한 빛살을 따라 걷다
어느 틈엔가
그만—
눈이 멀어버렸습니다

봄의 향기,
눈 안 깊숙이 스며드는
물결 같은 환희의 아우성

어쩌면 좋을까요
이 가슴은 이미
봄빛으로 넘실대는데
현기증 나리만큼
아름다운 향기가
심장 안을 소용돌이치며
출렁이는 이 순간—

이토록
시리도록 시린 행복으로

내 안의 봄은
지칠 줄을 모릅니다

누군가의 마음 속
살랑거리는 바람 한 자락 되어
이 봄날은
고요히
행복의 실로
삶을 꿰매어 갑니다

배롱꽃 그대는

옹골차게 내리던 빗줄기에
온몸 떨어대는
고운 꽃송어리들
우산이라도 돼줄 양
속절없이 멈춰선
발걸음

여울진 시간의 흐름 속에서
피고 지는 백날을
붉게 지새우며
꽃으로 사는 그대를
고운 유리병에 담아
두고두고
보고 싶은 욕심도 듭니다

단정하게 빗질한 듯
결 바른 수술
왕관 같은
화수분
*그린나래 같은 모습은
젖을 대로 젖어

서글픔마저 머금었을지라도
품을 수밖에 없는...

그대는
그렇게 내게 다가온
꽃 숨입니다

*그린나래 : "그린 듯이 아름다운 날개" 라는 의미의 순우리말.

부추 꽃

오늘이 시간 위를 걸으면서
소소한 바람 한줄기에
진동의 춤을 추면
파르르 흔들리며
부추 줄기 위에서는
소복소복 눈꽃이
하얀 미소를 짓는다

시선 안으로 가득히 들어온
꽃 빛에 반하여
문명의 바퀴들이 지나다니는
분주한 도로를 벗어나
가까이 다가갔더니
무거웠던 머릿속에서는
맑은 열정이
평화롭게 자리 잡았다

글을 쓴다는 것이
사진을 담는다는 것이
가끔은
아프고 외로운 삶에

한 줌
위로 되어 준다는 것을
부추 꽃도 아는가

단풍에 설레이며

금방이라도 쏟아질 듯
불타오르는 핏빛
물들인 옷 입은
무대 위의 프리마돈나처럼
일상의 흐름에
멈춤을 한다

숨 멎을 듯 밀려드는
이토록 헤괴한 설렘을
놓칠까 싶어
허겁지겁 걸신 든 셔터 질에
저도 놀랐는지
딸꾹질을 해댄다

평범한 소경 속에 숨어있어
여느 출사지 못지않게
쉴 새 없이 흔들리는
단풍들의 속살거림이
가슴 속을 비껴가며
감명 있게 메아리친다

마치
그대를 처음 만난 순간처럼

제주 중문 주상절리에서

검은 눈물 흘려 세운
제주의 푸른 가슴 속 기둥들,
파도는 오늘도
그 절개를 병풍처럼 감쌉니다

거칠게 핥고 가는
포말의 손길에도
묵묵히 장승이 되어
태고의 침묵을 새긴 돌―

식은 용암의 몸부림 끝,
거북이 등처럼 붙은 시간 위로
털머위와 소나무의 다독임이
한 줄기 위안처럼 내려앉습니다

서럽지 않았겠다
군상처럼 선
그대들, 절리의 기도

노을에 기대어

끝없이 흐르는 시간 속
그대를 만난 일—
내게는 한 줄기 맑음이었습니다

햇살의 부스러기조차
그대와 함께였기에
숨결처럼 빛났습니다

그대를 떠올릴수록
가슴 언저리 시려오는
감동 하나, 아픔 하나

한 시절 저물며
우리의 노을이 비껴갈 때
그리움이 그리움을 덧입혀
그댈 다시 부르겠지요

접어두기 두려운
뒤안길의 어느 겨울
붉은 노을 한 줌이
시린 가슴을 덥힐 때면—

그래도, 그대
여전히
내 마음의 이유입니다

봄 잉태

목 빼고 기다리던
야윈 나무 위로
보이지 않던 하늘 끝에서
봄비가 쏟아집니다

빗물과 나무의 포옹—
한나절을 넘기며
깊어지는 숨결 끝에
동그란 생명이 맺힙니다

젖내 어린 구름 속
꽃숨 품은 물방울 따라
비의 기억은 잉태를 터뜨리고
향기로운 봄날을
자지러지듯 풀어냅니다

입춘 지난 매화 앞에서

이렇게 바람이 세차게 불면
그대의 소식이 궁금해
애가 닳습니다

사랑하는 그대,
잘 있지요

여리겠으나 아주 여리지 않을
삶의 존재 앞에서
자연의 거친 입맞춤에
그대
지치지 않길

각질로 옷 입은 가지의 침묵 기도처럼
어쩌면
낙타 무릎 같은
옹이진 두 손 모아
그대의 무사함을
신실하게 기도합니다

사랑하는 그대,
잘 있지요

자란의 꽃말은

봄빛 잔치 속
둘이 걷던 길을
이제는 혼자 걸으며
연두빛 바람 따라
계절 하나를 건너갑니다

겨울의 흔적을 자양분 삼아
햇살 아래 피어난
보랏빛 자란 한 송이
변치 않을 약속처럼
해사하게 웃고 있습니다

닿을 수 없어
아련한 속살거림
다가선 만큼 또
흔적을 남기고—
꽃으로 채운 그리움이
가슴 깊이 새겨집니다

같은 하늘 아래
시나브로 짙어지는

푸른 산책길을 걸으며
서로의 이름 나직이 부릅니다

우리가 될 그날까지
기다림의 행복,
잊지 않기로 합니다

무궁화 곁에서

햇빛 아우른 바람에
맞서지도 않으며
좁다란 늘솔가 따라
내일을 향해
하루만의 자유를 꿈꾸는
그대는
행복하다

습도 함뿍 담긴 바람 앞에
낯빛 변치 않으며
거친 호흡의 방문자에게
천연덕스레 웃어주는
날개 없는 날갯짓의 그대는
참으로 *웅숭깊다

물들고 싶은
생명의 숨결에
본질을 잃어가던 그 모든 것들이
더 이상 퇴락치 않길
그대의 꽃 빛에
살포시 머문다

*웅숭깊다 :
1. 생각이나 뜻이 크고 넓다.
2. 사물이 되바라지지 아니하고 깊숙하다 라는 순우리말
· 무궁화의 꽃말 : 은근, 끈기, 섬세한 아름다움, 일편단심

나팔꽃 춤으로

오를 수 없기에
좌절할 수밖에 없었던
그럼에도 포기할 줄 모르는 그리움은
구월(九月)의 울타리를 의지한 채

계절의 옷을 꺼내입고
지치지도 못하는 삶의 기운이
어둠의 긴 터널을 지나온

그대의 하루가
시작되면
나는 나팔꽃 춤으로
하루만큼의 숨을 쉰다

공작단풍

유난히도 아름다운 수형을 가졌는데도
봄 여름 가을에는 잎으로 가려져
못 보고 있다가
겨울바람에 훌훌 날아간 잎들로
빈 가지들의 모습을 볼 수 있어
한동안 그 모습에 매료 되었었지요

그동안 잎을 벗 삼아 은둔 생활 즐겼던
*공작단풍의 진실 된 모습 볼 수 있어
오히려 떨리기까지 했던
제 가슴입니다

나무를 보면서
나는 또 그대를 떠올렸기 때문입니다

고치지도 못하는
어쩔 수 없는 병에 걸린 게 맞나 봅니다

*공작단풍의 꽃말 : 편안한 은둔

영도 밤바다

갈매기들 소란했던 바다에도
적당한 평안이 잦아들면
떠올리지 못했던 한낮의 분비물도
생의 꼬리를 감춰버린 채
행여나 있을
작은 평안을 갈구하며
영도의 밤바다가
덩그러니 떠있다

노을이 진동했던 시간의 궤적도
어미 품 속에 잠들어 버린
떠나려는 여름밤이
휑한 불빛의 인도따라
낯가림을 하고 있는
가을 입구를 향해
부러움을 꿈꾸나 보다

고신대 캠퍼스에서 바라보는
물과 하늘의 경계에서는
깜박이는 불빛들이
고요하게 누워있는

영도 밤바다를
아침의 그리움을 향해
그대로 흐노는
여린 가슴에
꿈으로 그려진다

4부 |

만주바람꽃

01 | 사랑을 위하여
02 | 연둣빛 계절을 시작하며
03 | 이기대 푸른 바다에서
04 | 기억을 너머 여전히...
05 | 가을 산책
06 | 가을 사랑
07 | 이중섭 그리고 나는
08 | 매화처럼 꽃으로 다가오소서
09 | 하동 벚꽃
10 | 가을벚꽃
11 | 꽃의 언어로
12 | 수련에 숨긴 사랑
13 | 비 안에 사랑 걷다
14 | 그대와 함께 다시
15 | 이 짧은 계절에
16 | 월성 계곡 수달래처럼
17 | 화포천 자운영
18 | 바다에 서서
19 | 만주바람꽃

사랑을 위하여

나는 너를
허락도 없이
시처럼 품어버렸다

사랑인지도 모른 채
가슴 한 귀퉁이에
시름처럼 번져간
봄감기 같은 병 하나
몰래 키우고 말았다

숨조차 너를 따라 쉬는 나를
그저 두고 볼 수 없음은
너 또한
내 마음의
그림자였기 때문이겠지

너의 사랑을 허락받으려면
저만치 다가오는 봄에게도
속삭여야겠다
네가 내 안에 얼마나
오래 피어 있었는지를

내일은 너에게로 가서
말 한 줌, 마음 한 줌
꽃처럼 털어놓을 수 있는
소박한 용기를
이 밤, 별빛의 기도 속에 내려달라고

순한 모국어로
차분히 빌어보겠다

연둣빛 계절을 시작하며

어제는 보지 못했던
꽃의 신음이
오늘을 둘러메고
벚나무 가지에 걸터앉아
한숨을 몰아쉬니
살랑이는 바람 한 줄기
잊으라며 등을 토닥이면
뽀얀 속살들이
후드득 발등 위에 올라탄다

길 위에 떨어진
꽃잎들의 날개가
어찌 저리도 찬란한지...

용지 못 위에 사뿐히 앉아
끼리끼리 수다를 떨고 있다가
물 위로 뛰어오른 잉어의 몸놀림에
여유로운 봄의 경계가
한참을
일렁거린다

봄빛 가득 담은 시간은
기적 같은 내일을 기대하며
소소한 행복을 꿈꾸는
우리의 봄날에
연둣빛으로 자란다

이기대 푸른 바다에서

비취가 녹아든 바다를
하나하나
소중하게 담았던 오늘을
또다시 들여다보며
하루하루를
날마다
그리워하겠습니다
이기대의 물빛을

밀려드는 파도의 몸짓에
폐부가 파쇄되고
묶였던 심장이 해갈된
하얀 포말들의 아우성에
화답하는 바람의 춤이
바다 곁 둘레길을 뒤덮었던
그 멋진 시간을
또다시
더듬어 가겠습니다

함께 해서
너무도 아름다웠던

당신이
내 곁으로
또다시
오실 때까지

기억을 너머 여전히...

폐부로부터 기어 나온
습관성 발작처럼
하나하나 빚어진 형상들 속에서
무언의 아우성들이 치솟아 나오며
결계의 틈을 비집고 나와
숨구멍에 들러붙은 기억 한 덩어리가
한참을 비틀거리면서 컥컥 거린다

겨우 빠져나온 공황의 터널 안으로
또다시
영역의 불분명한 슬픔이 어룽지게
밀려드는 무력감이
검은 최면을 걸어댄다

그럼에도 불구하고
태양은 뜨겁게 빛을 발하고
하늘은 파랗게 물이 올랐으며
바람은 그렇게
계절을 불어 가고 있었다
여전히

가을 산책

빛바래지 않은 하늘 아래
길을 따라 불어오는 바람과 함께
너무도 완벽한 색채의 향연이
거나하게 *진설(陳設) 된 시간을 걷습니다

채워진 바림의 시절이겠으나
헤어지는 시간의 경계 안에서
그대 가슴 안에서만 가능한
한 줌의 그리움도 데려왔습니다

그대 닮은 공기를 탐닉하며
소소한 하루를 걸으면
머릿속을 배회하던 생각은
발밑에서 가을의 춤을 춥니다

그치지 않을 사랑의 노래는
그리움의 그림자가 길어진 만큼
안다미로 차오르는 계절을 감싸니
이 짧은 가을
어찌 사랑치 않을까요

¹진설(陳設)된 :
1.제사나 잔치 때, 음식이 법식에 따라 상 위에 차려져 놓아지다.
2.연회나 의식(儀式)에 쓰이는 물건이 차려 놓이다.

가을 사랑

한숨 돌리며
기댄 나무의 고독에
분주한 하루를 맡기고는
발밑에 물든 가을을
노량노량 누려봅니다

밤을 건너
아침을 여는
작은 리듬 속에
당신의 숨결 하나 얹히자
잎들은 말없이
가을의 기억을 속삭입니다

떠나버린 어제를
되돌릴 순 없겠지만
당신과 함께
내일을 다시 걷는다는 건
이 계절이
참으로 고맙다는 뜻이겠지요

찬바람이 불기 전

가을이 등 돌리기 전
당신의 걸음 하나하나가
시간 속에서 춤이 되니

곱게 늙어갈
우리라는 이름이
참 다행입니다

모든 감각이
사랑을 기억하는 이 계절,
나는 오직
당신을
사랑합니다

이중섭 그리고 나는

삶의 존재조차 방황하다
빛 잃은 순례자의 뒤안길 같은
호젓한 외길에
시절 다한 꽃 이파리들
주검처럼 널브러져 있다

사랑하는 이들을 떠나보낸 자리에
천형(天刑)의 올가미가 들어앉아
살아야 할 이유조차 옭아매며
봄조차 빛을 잃게 했을
지독한 고독

터져 나오는 육신의 고통보다
잠시라도 만났던 가족의 품이 그리워
꺼이꺼이 화폭을 채웠을
한 남자의 뒤안길이 서럽다

모든 전쟁이 역사의 뒤에서
기웃거리고 있는 제주의 거리에서
노란 꽃불을 켜든 *영춘화가
봄의 노래를 부르지만...

온데간데없는 중섭의 온기는
이방인들의 걸음 소리에 파묻힌 채
외로웠을 흔적조차 내어주지 않고
제 몫을 쥐고 떠났던 길에서
무얼 보고 서 있나

나는
나는

매화처럼 꽃으로 다가오소서

그대의 눈부신 하늘 아래
숨결처럼 내려앉는 눈발이
폭폭이 쌓여갈 즈음—
내가 살아내는 이 고요한 자리엔
봄의 길목을 여는 매화 한 송이,
해사하게 웃고 있습니다

굽이친 세월의 끝자락에서
마침내 되돌아오는 우리의 계절—
눈앞에서 피어나는 듯한
그리움의 향기,
그것은 다름 아닌
당신입니다

메마른 가지마다
슬픔의 앙금을 털어내며
다섯 조각 꽃잎마다
간절한 기다림을 꿰어 피운 매화는
오늘따라
바라보는 것마다
당신의 얼굴이 됩니다

흔들림 없이
사랑이라는 언어로 채운 약속,
시간의 파도를 건너
기어이 피워낸 그 꽃처럼—
어서 오소서
나의 앞에,
한 송이 매화 되어
봄 되어,
꽃 되어 피소서

그리움이 항해를 마치는 그 순간
그대 앞에 선 나 또한
꽃이 되어
그대를 맞으리니

하동 벚꽃

해사한 꽃눈
무심한 바람에 얹혀 흩뿌리며
파란 하늘조차 하얀 순정 토해내니
나폴대는 꽃 날개에
연심 하나 더해 놓은 들...

무더기로 달려오는
저 꽃 춤 속에서
봄으로 빼곡히 채운
무언의 약속에
벌써부터 그립다
어느 봄날의 하루가

가을벗꽃

지나온 세월의 ¹휘들램 따라
굳어진 고목 어딘가에
불거져 나온 굵은 뼈마디
한평생 살아낸
고운 자태
봄 기운 따라 걸렸다가

그루잠 자던 새하얀 주름 사이
해오름에 웃으며 나간
늘해랑 같은 님 기다리며
서럽게도 넘실대던
토해낸 한숨을
허허바다 구석에 파 묻고

호흡조차 가누기 힘든
어둔 터널 지난 빛 뜨락에
메말랐던 상념의 가지마다
오늘을 홀로 일렁이며
쌓인 그리움을 토해내는
두 번이나
꽃이 된다는 벗꽃이 있다지

꽃의 언어로..

어두운 밤길이
끝없이 길고 깊어질지라도
하루만큼의 행복이
지친 그대의 어깨를
조용히 감싸줄
힘이 있다면
만약
그럴 수만 있다면
담벼락에 기댄
작은 꽃이라도 될 텐데

가만히 모은
두 손의 기도가
당신의 굵은 마디마디
사랑스레
쓸어줄 텐데

생각 한 줌 떠올리면
미소 짓게 하는
그대를 위해
쉬지 않고 기도하는

작은 행복이
나라는 걸
꽃의 언어로 들려줄 텐데

수련에 숨긴 사랑

설익은 여름 향기
한 아름 쏟아진 연꽃공원에
초록빛 그림자 사이에서
일렁이는 황홀한 기적들이
고운 꽃신 신고
걸어옵니다

날마다 들려주고 싶은 말을
꽃의 모국어로
노래하며
애타게 그리워하는
여린 마음 한 줌이라도
알아준다면...

정지되지 않은 시간
향기로운 계절을 담아오던
바람의 길 앞에 서서
기억 안에 새겨진
그대는
언제나 사랑이라고

사랑
그 한 마디에
몰려드는 심장의 진동이
잔잔한 물 위에서
수줍은 듯
해의 그림자처럼 핀
수련 속에
숨겨두었다는 것을

그대는
언제나 알게 될까요

비 안에서 사랑을 걷다

불타오를 것 같던 노을
서쪽으로 이울며
저만큼의 거리에서 떨어진
시간과 시간들이
속살 드러낸 채
허기진 신음 사이에서 하나 되니
겹쳐진 그리움이
익어갈 사랑이라 합니다

비록 미련스레 놓지 못하는
여름의 투정 같은 울음에
다가오는 계절의 속삭임이
애잔한 그림자 드리운
차창 위에서
깊어가는 밤길을 두드리며
슬픔을 다독입니다

황홀한 몸부림에
잔뜩 베어 문 기억의 잔상을
한 줌이라도 찾으려는
내 짧은 일기 속에서

오늘이 빗물처럼 내리면서
그대 가득할 기억을 두드립니다

보고 있어도
보고 싶은 그대를 그리워하며

그대와 함께 다시

하루가 걷다
달을 만나
해로 물들며
나를 한계로 밀어낸다

돌아보면
나는 없고
그대만 남아 있다

햇살에도 흔들린
어설픈 시간들을 꿰매어
단정한 하루를 꿈꾸었지만
저무는 해의 등에서
한숨은 울음으로 번진다

달라지지 않던 상처들
그럼에도 사계절이
따뜻했던 건
그대의 손이
내 걸음을 이끌었기 때문

다시 언덕 앞에서
숨이 멎을 듯
떨리는 나에게
그대는
작은 겨자씨 하나
내민다

나는
그것을 쥐고
그대와
또 한 걸음
내일을 향해 걷는다

이 짧은 계절에

빛 바래지 않은 하늘 아래
길을 따라 불어오는 바람과 함께
너무도 완벽한 색채의 향연이
거나하게 *진설(陳設)된 시간을 걷습니다

채워진 바림의 시절이겠으나
헤어지는 시간의 경계 안에서
그대 가슴 안에서만 가능한
한 줌의 그리움도 데려왔습니다

그대 닮은 공기를 탐닉하며
소소한 하루를 걸으면
머릿속을 배회하던 생각은
발밑에서 가을의 춤을 춥니다

그치지 않을 사랑의 노래는
그리움의 그림자가 길어진 만큼
안다미로 11월을 감싸니
이 짧은 가을
어찌 사랑치 않을까요

*진설(陳設)된 :
1. 제사나 잔치 때. 음식이 법식에 따라 상 위에 차려저 놓아지다.
2. 연회나 의식(儀式)에 쓰이는 물건이 차려 놓이다.

월성 계곡 수달래처럼

바위 위
엉긴 그림자들이 수런대자
지나는 바람, 푸른 고자질을 안긴다
그 틈에
나도 신록이 되어
그늘 하나 꿰차고 앉는다

하늘을 봐도
꽃밭에 앉아도
봄이 머문 계곡을 걸어도
그대 생각에
눈물만 고인다

멈추지 못해
수달래 속으로
조용히 숨는다

곁에 있어도
적요에 눌려
말을 삼키는 이 밤
언덕에 기댄 숨결 하나

그대는 모르리

오늘 밤
그리움 바장이며
달빛을 세리라
월성 계곡
수달래처럼

화포천 자운영

그리움이 버티고 섰는
봄 머문 논두렁에
자줏빛 구름 모여
지나가는 햇빛
쉬어 가란다

얼싸안은 꽃무리
황홀한 꽃빛
그 물결 사이에
내 사랑 숨겨도
좋겠다

해사한 자태에
지나칠 수 없는
하루만큼의 행복이
꽃물처럼
두 뺨에 앉은

너는
자운영이구나

바다에 서서

곱게 채색한 봄빛 익어갈 무렵
그대와 함께 그리던 평온의 바다 위에
온몸 다 젖도록 기대고 싶습니다

물의 표면을 긁어대는 그리운 기억에
덧입혀진 감성 하나
말갛게 묽어진 개펄 위에서
푸르른 봄빛 향해
해루질을 그렇게 또 해댑니다

아련한 기억 어느 언저리 매만지며
인색하지 않게 달려온 외로움까지
품어주는 사려 깊은
나의 봄 바다에 서서
그대의 걸음을 기다려 봅니다

만주바람꽃

가도 가도 계속되는
낯설고 좁은 길을 따라
적요한 그림자의 자리에
비스듬히 스며든 햇살
그 빛줄기
놓칠세라
꽃부터 틔우고는
지나가는 바람 앞에
서 있다

아무도 밟지 않은 듯
꼿꼿이 서 있는
연둣빛
신음들이
가득히 메꿔진 사위에
푸르고 여린 그리움
귀꿈스럽게 계곡을 따라
겸허히
누워있으니

턱 밑까지

차오르는
불규칙한 숨소리에
혹시나 다칠까
경건히
무릎을 꿇게 한
만주바람꽃
그대를
가만히 품어본다

*만주바람꽃 꽃말 : 덧없는 사랑

| 5부 |

- 가슴 안에 울리는 진동 -

조윤희 시집

시 해설

| 조윤희 시집 |『가슴 안에 울리는 진동』시 해설
−침묵의 언어, 정적인 장면을 통해
　　정서를 섬세히 그려낸 시들−

배성근(시인, 수필가)시와늪문인협회대표

－침묵의 언어, 정적인 장면을 통해 정서를 섬세히 그려낸 시들－

청암 배성근 시인. 수필가(시와늪문인협회 대표)

　조윤희 시인의 『가슴 안에 울리는 진동』 시집에서 전해주는 전체 흐름은 사랑과 자연의 연결고리가 되어 계절처럼 다가섬과 아울러 사랑의 시작을 시적 이미지로 섬세하게 그려냈다. 전체적인 시들은 부드러운 직유로 감각적인 자연 이미지로 드러냈다. 그리고 순수한 사랑의 감정이 주조를 이루고 수사법을 적절한 적용으로 사계절 시적 감흥이 뚜렷하다. 그리고 투명한 언어가 독자의 마음에 잔잔히 스며드는 것이 강점이다.

　또한 상실의 계절을 적용 이별, 그리움, 그리고 침묵, 사랑은 피어나기도 하지만 사라지기도 한다. 중반부에 배치된 시들은 상실의 순간과 그 여운을 시인의 고유한 통찰로 담아낸다. 이별의 고통 속에서도 굳건히 피어나는 존재의 의지를 담았고, 「가을 사랑」은 잦아드는 감정을 계절의 색으로 은유했다. 이 시기의 시들은 종종 의인화된 자연, 비 내리는 이미지, 쓸쓸한 거리의 풍경 속에서 '그리움'과 '되돌아보는 시선'을 표현했다.

　시인은 말보다 침묵의 언어, 정적인 장면, 그리고

을 부각하며, 언어적 품위와 정서적 밀도를 더한다.

마지막 연에 이르러, 시는 기다림의 서사로 진입한다. "볕살 촉수들"과 같은 감각적 표현은 세상의 고단함을 형상화한 것으로, 이를 피하지 않고 "그대 오실 길"을 향해 한 걸음 내딛는 '연향'은 희생과 헌신, 혹은 순결한 그리움의 화신으로 읽힌다. 그리고 "휘감기는 그리움"은 마침내 '향기로운 노래'와 '꽃분 칠한 빛'으로 구체화되며, 기다림은 단순한 감정보다 더 높은 차원의 존재적 태도로 승화된다.

시의 백미는 마지막 행 "달려오실 그대를 흐놀다"에 있다. '흐놀다'는 오래된 우리말로, 무엇인가를 그리며 간절히 동경한다는 뜻을 지닌다. 이 단어는 전통어의 맥락을 현재적 감성으로 되살려, 시 전체의 정서를 응축시키는 기능을 한다. 흔히 사용되지 않는 어휘를 통해 시인은 고유어의 정서성과 시대를 초월한 감각을 끌어내며 언어의 아름다움을 되살린다.

이 시는 단지 사랑을 말하지 않는다. 그리움이란 감정이 어떻게 존재의 형태로 체화될 수 있는가, 또는 상처받은 삶이 어떻게 연꽃처럼 고결한 기다림으로 나아갈 수 있는가를 보여주는 미학적 성취가 있다. 격렬하지 않되 간절하고, 화려하지 않되 섬세하다. 바로 그 조용한 떨림이 조윤희 시인의 서정이 지닌 힘이다.

뜨거운 태양 한가득 품은 채
가파른 숨넘어갈 듯
여름을 분만하고는
상기된 얼굴 하악 하악
수면 위로 꽃을 밀어 올린다

발걸음 뗄 때마다
쪼르르 쫓아온
간지러운 연향의 유혹에 웃고
개구쟁이 같은 여유 품은
연꽃 바다 파도에 넘실댄 가슴

빛바랜 동심과 마주한 듯
하늘빛 구름 빛 올려다보며
열기 가득한 주남저수지
바람 날개 되어
꿈으로 날아오르다

-『연꽃바다』전문

    시인의 시 「연꽃바다」는 여름 한가운데에서 피어나는 연꽃의 생명력을 중심에 두고, 그 안에 깃든 동심과 회복의 정서를 담아낸 서정시다. 시는 주남저수지라는 구체적 자연 배경을 배경으로, 자연과 인간의 내면이 교감하는 순간을 정밀한 시적 언어로 포착해 낸다.

첫 연에서 시인은 "뜨거운 태양 한가득 품은 채 / 가파른 숨 넘어갈 듯 / 여름을 분만하고는"이라는 인상적인 표현으로 여름의 절정과 생명의 격렬한 분출을 여성적 이미지로 치환한다. '분만'이라는 단어의 선택은 단지 식물의 개화가 아니라 존재의 고통과 환희가 교차하는 탄생의 순간을 상징한다. 그리고 곧이어 이어지는 "상기된 얼굴 하악 하악 / 수면 위로 꽃을 밀어 올린다"는 구절은 시적 대상(연꽃)의 생동감을 의인적 묘사를 통해 리듬감 있게 형상화한다. 이는 단순한 자연의 관찰을 넘어, 생명의 몸짓에 대한 경외와 몰입으로 나아간다.

2연에서는 시인의 감각이 보다 서정적이고 감정적인 결로 옮겨간다. "간지러운 연향의 유혹"은 시각이 아닌 후각의 심상으로, 자연과 감성의 밀착을 이끌며 독자에게 감각적 참여를 유도한다. 연꽃 바다의 '파도'는 실제 물결이기보다 내면의 설렘으로 해석되며, 시인은 "개구쟁이 같은 여유"라는 의인화를 통해 자연에 스며든 어린 시절의 무구함을 되살린다.

3연에서 시는 절정을 맞는다. "빛바랜 동심과 마주한 듯"이라는 회상적 전환은 단지 자연에 대한 감탄을 넘어, 시간의 지층을 건너 동심과 만나는 감정의 회귀를 상징한다. 주남저수지의 풍광은 단순한 배경이 아니라, 마음의 경계 너머로 날아오르는 "바람 날개 되어 / 꿈으로 날아오르다"는 구절로 연결되며 현실과 꿈, 현재와 과거, 육체와 영혼의 경계가 허물어진 순간을 보여준다.

기억의 향기 덧없이 바래진 채
농밀했던 사랑의 시간들이
낙화하는 편린들로 채워지고
고독의 빛 아프게 흩날리며
바닥을 흥건히 뒹굴 때가 온다면
지난날 우리가 되었던
아름다운 시간을 떠올리겠지요

소중했던 순간순간
놓칠새라 주워 담고 싶어 헤매는
어느 한 날이 온다면
외로운 상처 덮어주며
시린 가슴 글썽이며 바라보았던
어떤 계산도 이기도 없었던
아름다운 시간을 떠올리겠지요

갈 길 잃은 채 어두운 밤길
끝도 없는 외로움의 낙엽들이
메마른 강바닥에 널부러져 있는
상상도 하기 싫은 잔인한 서러움이 온다면
우리가 하나였던 계절
아름다웠던 추억 하나 꺼내겠지요

탐스러웠던 꽃들의 거리가
시나브로 앙상한 가지들로 엉키어 갈 때

언제나 달뜨도록 속살대던
겨울 봄 여름이었던 창조의 질서따라
가을이 다시 온다면
더나은 성숙한 우리가 되기를 바라는 갈망이
아름답게 계절을 채색해 가겠지요

-『아름다운 시간을 그리며』전문

시 시는 정서를 살리되, 시적 장치(은유, 의인법, 직유, 나열, 반복, 대조 등)를 충분히 활용하여 문학적 깊이와 **시적 방향성(시간과 존재, 기억과 상실, 회복의 가능성)**을 분명하게 표현한 시다.

제목에서 '아름다운 시간을 그리며'는 지나간 시간에 대한 회상과 동시에, 그 시간이 단순한 과거가 아니라 지금 이 순간에도 정서적으로 살아 있는 기억임을 나타낸다. '그리며'라는 현재형의 진행은 회상의 지속성과 그 기억으로부터의 삶의 지향을 암시한다.

1연에는 기억의 상실과 회귀이다. > 기억의 향기, 덧없음 속에 바래지고 / 농익던 사랑의 시간은 / 꽃비처럼 흩어지는 편린으로 남아 이 부분에 '기억의 향기'는 추억의 아련함을 후각적 심상으로 은유한 표현이다. '덧없음', '편린' 등은 시간의 무상성을 강조하며, '꽃비처럼'이라는 직유는 과거의 아름다움이 서서히 사라지는 모습을 섬세하게 형상화 했다.

2연에는 관계의 소중함과 회복 의지이다. > 우리는 / 한 시절, 우리가 되었던 / 아름다운 시간을 떠올리겠지요. 2연에서 의미 전달은 '우리는 우리가 되었던' 이 구절은 말장난 같지만 철학적이다.

이는 개인에서 관계로의 전환, 너와 내가 '우리'가 되었던 시간의 가치를 상기시키며, 존재의 연대성을 강조한 것이다. '떠올리겠지요'라는 미래형은 회상이 단지 과거 회귀가 아니라, 지금과 이후를 지탱하는 힘임을 또한 드러냈다.

각 시어는 더 함축적이고 운율감 있고, 반복 구조와 유사 문장 구성을 통해 정서적 파동을 강조했다.
'기억–사랑–상실–회복'이라는 시간의 원을 따라 인간 존재의 의미를 성찰하는 깊이를 더했으며, '우리는 …겠지요' 반복은 회상과 미래 희망을 다리처럼 연결하며 감정을 확장시켜 시의 묘미를 부각 시켰다.

3연에는 감정의 절정과 무조건적 사랑이 담겨 있다. > 서로의 상처 위에 / 입김처럼 포근한 위로를 덮어주고 / 계산도, 이김도 없던 / 순전한 우리의 시간을

이 연에서 사랑의 본질, 특히 무조건성과 순수성을 다루었다는 것을 알수 있고, '입김처럼'은 겨울 속 따뜻한 온기를 표현하는 의인법이자 사소 하지만 깊은 위로의 형태를 보여준 대목이다. '계산도, 이김도 없던' 반복된 부정은 사랑이었던 시간의 조건 없는 순수성을 강조하며, 그리움의 정점을 이루었다믄 것을

알수 있다.

4연에는 상실의 극점과 기억의 등불이다. > 외로움이라는 낙엽이 / 끝없이 쌓여 / ... / 추억 하나 꺼내어 / 작은 등불처럼 흔들겠지요 4연에 독자에게 다가서는 것은 낙엽, 메마른 강바닥, 잔인한 서러움이라는 심상들은 감정의 자체가 극단적인 고갈과 고독의 풍경화를 만들어냈다. 하지만 '추억 하나'는 마치 깊은 밤 속에서 흔드는 작은 등불처럼 기억이 삶을 견디게 하는 실존적 도구가 될 수 있음을 상징하고, 상실을 껴안는 구원의 순간을 담고 있다.

5연에는 삶의 순환과 성숙의 희망을 준다. > 가을이 돌아온다면 / 우리는 / 한 뼘 더 단단한 마음으로 / 성숙이라는 색을 칠해가며, 가을은 다시 돌아오는 계절이자 회복의 가능성을 상징한다. '한 뼘 더 단단한 마음'은 시련을 통해 성숙해진 내면, '성숙이라는 색을 칠해가며'는 삶을 예술처럼 가꾸려는 태도를 드러낸 부분이다. 계절의 순환이 치유와 재생의 메시지로 연결되며, 시의 정서가 애도에서 희망으로 전환된다.

시적 방향성과 주제를 보면 이렇다. 시간이 지닌 무상성과 동시에 회복의 가능성과 추억이라는 심리적 자산의 회복력을 주며 관계의 본질은 조건 없는 사랑이며, 그 흔적은 삶을 다시 시작하게 하는 힘이 된다. 계절의 순환처럼, 인간도 상실을 겪고 다시 아름다움을 피워내야 한다는 것을 강조한 시다.

시린 세월이

주름진 무릎을 꿇고 앉아
굳어버린 마음을 쓰다듬습니다

헝클어진 머리칼 사이로
헛헛한 한숨이 스며들 무렵
어느 봄, 꽃향기처럼
귓가에 속삭이는 부름이 다가옵니다

"이젠, 일어나도 돼"
거울 앞, 오래 묵힌 화장품을 열며
시간 위에 분을 바릅니다

쉼 없이 돌고 도는 시간의 궤적을
어쩌면 꽃길 같았던
그날들로 되감아보며
우리만의 이야기들을
바람의 노랫결에 꿰어 보냅니다

가슴 언저리까지 번진 바람에 실어
봄날의 연서를 띄웁니다

봄날 같던
그대와 다시 부를
우리의 시간을 위하여

-『봄날의 연서를 띄우며』전문

이 시는 아름답고 서정적인 초고이다. 회상, 회복, 봄의 부름이라는 세 가지 축을 중심으로 전개되고 있으며, 시어 하나하나에 섬세한 감정이 배어 있다. 여기에 은유, 의인법, 직유, 나설기 등 시적 기법을 덧입혀 정서적 밀도를 더욱 높힌점이 눈에 띈다,

1연에서 "시린 세월"이 "주름을 꿇고 앉는다"는 구절은 의인법으로, 시간조차도 무릎 꿇는 듯한 삶의 정지된 감각을 표현했으며, 2연에서는 꽃향기를 '귓가의 부름'으로 은유화하고, 봄이 말없이 주인공을 깨운다는 의인법을 사용했다. 3연에서는 "시간 위에 분을 바른다"는 말은, 멈췄던 삶에 생기를 덧입히려는 직유와 함축적 상징이다. 4~5연에서는 "노랫결에 꿰어 보낸다"는 표현은 바람을 매개로 추억과 사랑을 전한다는 의미로, 시의 감정을 서정적으로 정돈했다.
시 전체가 조용한 각성과 감정의 회복, 그리고 봄을 통한 재시작의 의지를 보여주고 있다.

또 한 계절,
그대의 뒷모습처럼 불어온다
가슴 언저리를 스치는 바람은
이름 모를 사연을 담고
내 시선 앞에 조용히
길이 되어 눕는다

햇살이 조붓하게 마루 끝을 건너오고
그대의 웃음 같은 낙엽이

해사하게 춤춘다
한 잎, 두 잎
가벼운 고백처럼 흔들린다

하루라는 울타리 안에
스며드는 그대의 숨결은
시간마저 물들이는
사랑의 농도
빛으로 피어난다

나는 낮을 걷고
그대는 밤을 건넌다
쌓여가는 그리움은
푸르게 숙성된 추억이 되어
다시 올 내일의 문턱에
조용히 눌러 남는다

-『가을을 걸으며』 전문

   이시 「가을을 걸으며」는 가을의 풍경 속에 스며든 그리움과 사랑의 감정을 부드럽게 풀어낸 서정시다. 시어 하나하나가 계절의 감각과 내면의 정서를 감싸며, 조용하고 따뜻한 감동을 준다. 이 시의 감성을 살리면서, 은유, 직유, 의인법, 나설기 등 수사법을 더욱 깊이 적용하므로 시적 감흥이 더 뚜렷하게 드러나는 형태로 지어졌다.
   시적 장치를 보면 "계절이 길이 되어 눕는다"는 그

리움의 깊이를 드러내는 감각적 은유이며 "사랑의 농도"는 시간 속에서 진해지는 감정을 액체처럼 표현해 내고 있다. "그대의 웃음 같은 낙엽"은 미소와 낙엽을 비교하며 계절감과 인물 감정을 직유로 연결했다. "햇살이 마루 끝을 건너오고", "추억이 숙성된다"는 자연과 감정을 살아 있는 듯 그려내는 의인법을 적용하여 시적 생동감을 높였다 또 "나는 걷고, 그대는 건넌다"처럼 직접적인 주체와 대상의 언급이 시의 정서를 더 진하게 고백한 나설기로 적용한 점이 돋보인다.

   이 시에서 특색으로는 사색적인 가을의 연애시로, 섬세한 감정의 결을 따라 읽는 독자들에게 깊은 공감과 여운을 남길수 있는 시라고 하겠다

덧없는 사랑이었습니다
말끝마다 떨리는 고백처럼
비밀스레 움츠린 채
아무도 모르게 피어난
그대여

그대의 침묵은
다가올 시간의 향방을
은근히 점치듯
내 마음 한구석을 자꾸만 건드립니다

짧디짧은 만남
그 허공 위에 걸린 인연에

미어지는 가슴만
가만히 껴안고
나는 또 숨죽인 채
그대 하나를
하염없이 바라봅니다

흙의 체온 놓칠까 두려워
스스로 땅을 껴안고 있는
그대,
봄바람의 손길에도
파르르 흔들리는
한 송이 설렘으로

삶의 장단에 맞춰
엎드려 기다린 마음 하나
그대의 숨결에 실어
소담하게
이 봄에 담아 올립니다

-『변산바람꽃』전문

 이시의「변산바람꽃」은 봄의 극히 짧은 시기에만 피었다가 이내 사라지는 야생화 '변산바람꽃'을 매개로, 덧없고 비밀스러운 사랑, 그리고 그 사랑을 기다리는 내면의 정서를 절제된 언어로 표현한 작품이다. 시의 시적 감흥과 정서를 더욱 밀도 있게 드러내기 위해 은유, 의인법, 직유, 나설기 등의 시적 장치를 적용하여 정제된 시라고 보겠다. '변산바람꽃'은 극도로 짧은 생애와 순백의 이미지로 인해, 순결하고도 덧없는 사랑의 상징이며, 이는 짧은 만남, 비밀스런 감정, 기다림의 애틋함이 연결되어 있다. '그대의 침묵'은 시간의 흐름이나 사랑의 흐름을 예고하는 기호처럼 은유로 묘사되어 있고, 바람 앞에서 "파르르 떨어대는" 모습은 꽃을 감정의 주체로 그리며 생생한 감각을 의인법으로 장치가 되었다. '말끝마다 떨리는 고백처럼'은 사랑의 위태로움을 독자의 감정과 연결했고. '나는 또 숨죽인 채 / 그대 하나를'처럼 화자의 직접적 고백은 정서의 깊이를 나설기로 시적의미를 강화했다. 또한 이 시는 한 송이 야생화에 투영된 존재의 연약함과 사랑의 절절한 무게를 시적으로 정련하여 표현한 작품으로, 계절과 사랑, 삶과 기다림이 촘촘히 엮여 있습니다.

늘 곁에 있어
차마 말 못 한 의지의 무게,
남겨진 그대의 기억으로
허우룩한 시간 틈새를 채워가다
결국, 그 어느 것에도
내어줄 수 없는 추억들이
슬도의 파도 위로 너울거린다

햇살을 품은 푸른 수평선 너머
깔딱깔딱
넘어질 듯 밀려드는

시린 그리움의 물결,
하얗게 부서지며
가슴 깊은 곳
위태한 걸음을 안아 올린다

멀어지지 말자던 약속처럼
각질처럼 거칠던 순간들도
도리어 찬란했던 시간으로 세워지고

내 짧은 생의 어느 페이지에
가장 아름다웠던 그대는
여전히 사랑으로
영원의 색을 입힌 채
고요히,
내 마음의 겨울 바다를 불러낸다

-『겨울바다를 바라보며』 전문

  시인의 시「겨울 바다를 바라보며」라는 표현은 정서와 이미지를 더욱 깊고 섬세하게 다듬었다는 점을 높이 평가는 대목이다. 이는 은유, 의인법, 직유, 나설기 등을 적절히 적용했다는 점에 문학적 가치가 시적 밀도와 감흥을 높였다. 이시의 주제는 그리움과 사랑, 그리고 추억의 고요한 재생. 슬도의 겨울 바다는 과거와 현재, 이별과 기억이 교차하는 감정의 바다이다.
  의인법: "시린 그리움들이 하얗게 부숴지며"는 파

도의 동작을 감정처럼 의인법으로 표현했다. "각질같이 거칠었던 순간들"은 상처난 시간을 표현한 섬세한 내면 비유이며 직유와 나설기를 적용한 시이다. 말로 직접 드러나지 않아도, "내 마음의 겨울 바다를 불러낸다"에서 감정의 주체가 정서의 방향을 잡고 있다. 또한 공간의 상징성: '슬도'는 실제 공간이지만, 이 시에서는 추억과 감정의 파장이 머무는 정서적 공간으로 사용된다. 지나간 사랑을 품은 고요한 해안, 그리고 그 안에 남은 마음의 결들을 사색적으로 풀어낸 작품이다.

반짝이는 햇살이
꽃빛의 물레를 감돌 때
그 찬란한 빛살을 따라 걷다
어느 틈엔가
그만—
눈이 멀어버렸습니다

봄의 향기,
눈 안 깊숙이 스며드는
물결 같은 환희의 아우성

어쩌면 좋을까요
이 가슴은 이미
봄빛으로 넘실대는데
현기증 나리만큼
아름다운 향기가

심장 안을 소용돌이치며
출렁이는 이 순간—

이토록
시리도록 시린 행복으로
내 안의 봄은
지칠 줄을 모릅니다

누군가의 마음 속
살랑거리는 바람 한 자락 되어
이 봄날은
고요히
행복의 실로
삶을 꿰매어 갑니다

-『봄을 꿰다』 전문

 시인의 시 「봄을 꿰다」는 봄의 감각적 충만함으로 햇살, 꽃빛, 향기, 감정으로 인해 생기는 황홀한 몰입과 감정의 출렁임을 중심으로, 봄이란 계절이 마음 깊이 스며들며 '행복을 꿰매어 주는' 정서를 시적으로 풀어낸 작품이다. 정서적 밀도와 시적 장치를 더 고양하여, 더욱 문학적으로 다듬은 정제된 작으로 보인다. 이는 은유, 의인법, 직유, 나설기 등을 적극 활용하여 시적 감흥과 응축력이 뛰어나다는 것에 시야가 몰입된다.

 "봄을 꿰다"는 감정과 계절의 조각을 하나하나 꿰

매어 삶의 서사로 이어 붙이는 은유적 표현이다.
 '꿰다'는 행위는 기억과 사랑, 감각을 한 줄로 엮는 일종의 감성 봉합이다.

 "봄빛의 물레"는 생명력과 시간의 직조를 시각화한 상징은 은유로 풀었으며. "봄의 향기"가 "아우성"친다, "출렁인다"는 등의 표현은 감각의 의인화를 통해 정서 몰입을 유도했다."현기증 나리만큼 아름다운 향기"는 감각의 충만함을 체감적으로 표현은 직유로 적용을 한것이다. "어쩌면 좋을까요"는 시적 화자가 독자에게 직접 말을 걸며 정서의 진폭을 드러내는 것은 나설기로 한결 시적감흥을 높였다. 정서를 직조해 내는 내면적 봄의 서사로, 계절의 아름다움을 삶과 감정의 구조 안에 세공했다.

봄빛 잔치 속
둘이 걷던 길을
이제는 혼자 걸으며
연두빛 바람 따라
계절 하나를 건너갑니다

겨울의 흔적을 자양분 삼아
햇살 아래 피어난
보라 자란 한 송이
변치 않을 약속처럼
해사하게 웃고 있습니다

닿을 수 없어
아련한 속살거림
다가선 만큼 또
흔적을 남기고—
꽃으로 채운 그리움이
가슴 깊이 새겨집니다

같은 하늘 아래
시나브로 짙어지는
푸른 산책길을 걸으며
서로의 이름 나직이 부릅니다

우리가 될 그날까지
기다림의 행복,
잊지 않기로 합니다

― 『자란의 꽃말은』 전문

   시인의 「자란의 꽃말」은 그리움, 기다림, 그리고 봄의 생명력을 '자란'이라는 꽃에 투영하여 잊지 못할 사랑의 감정선을 섬세하게 그려낸 작품이다. 정서를 유지하면서 함축과 시적 장치의 밀도를 더한 정제 작품으로 보인다. 자란(紫蘭)은 사랑, 그리움, 기다림을 상징하는 중심 매개다. 의인법과 은유를 통해 자연의 변화에 감정의 투영을 담았다. "보라 자란 한 송이" 약속처럼 웃는다. "꽃으로 채운 그리움" 체화된 감정의 무게감이 있고, "시나브로"와 "꽃채운" 같은 고운 우리말을 유지하면서도 흐름이 더 응축되도록 행간을 조정하고, 정서 흐름을 부드럽게 다듬었다는 것에 직감이 온다.

나는 너를
허락도 없이
시처럼 품어버렸다

사랑인지도 모른 채
가슴 한 귀퉁이에
시름처럼 번져간
봄감기 같은 병 하나
몰래 키우고 말았다

숨조차 너를 따라 쉬는 나를
그저 두고 볼 수 없음은
너 또한
내 마음의
그림자였기 때문이겠지

너의 사랑을 허락받으려면
저만치 다가오는 봄에게도
속삭여야겠다
네가 내 안에 얼마나
오래 피어 있었는지를

내일은 너에게로 가서

말 한 줌, 마음 한 줌
꽃처럼 털어놓을 수 있는
소박한 용기를
이 밤, 별빛의 기도 속에 내려달라고

순한 모국어로
차분히 빌어보겠다

　　　　　　　　　　　－『사랑을 위하여』전문

　이 시 「사랑을 위하여」는 사랑의 시작점을 자각하지 못한 채 마음을 품고, 그것이 감정으로 성장해 용기를 구하게 되는 내면의 떨림을 섬세하고 조용하게 그려낸 서정시다. 시적 장치와 문학적 의의를 적용 문학적 효과를 내는 은유로 "봄 감기 같은 병", "시처럼 품다" 사랑의 자각 이전의 감정을 감각적으로 전달하는 의인법 "말 한 줌, 마음 한 줌 꽃처럼 털어놓다" 사랑이 언어로 피어나도록 생명 부여하는 직유 "시름처럼 번져간", "봄 감기 같은 병" 감정의 성장을 체감할 수 있도록 구체화한 나설기 "내일은 너에게로 가서", "속삭여야겠다"　시적 화자의 고백을 독자에게 이입시킴은 물론 모국어 이미지 "순한 모국어로 기도하겠다"로 진심이 담긴 순수한 사랑의 언어화 했다. 이 시는 내면화된 사랑의 결기와 고요한 용기를 섬세하게 직조한 서정적 고백으로 '마음을 고백하기 전날 밤의 심리'를 정서적으로 응축해낸 사랑 시의 정수라 할 수 있다.

한숨 돌리며
기댄 나무의 고독에
분주한 하루를 맡기고는
발밑에 물든 가을을
노량노량 누려봅니다

밤을 건너
아침을 여는
작은 리듬 속에
당신의 숨결 하나 얹히자
잎들은 말없이
가을의 기억을 속삭입니다

떠나버린 어제를
되돌릴 순 없겠지만
당신과 함께
내일을 다시 걷는다는 건
이 계절이
참으로 고맙다는 뜻이겠지요

찬바람이 불기 전
가을이 등 돌리기 전
당신의 걸음 하나하나가
시간 속에서 춤이 되니

곱게 늙어갈
우리라는 이름이

참 다행입니다

모든 감각이
사랑을 기억하는 이 계절,
나는 오직
당신을
사랑합니다

-『가을 사랑』 전문

   이시 「가을 사랑」는 계절의 여유 속에 묻어나는 성숙한 사랑, 일상의 소소함과 함께 익어가는 깊은 감정을 담백하게 그려낸 작품이다. 이 시의 정서를 더욱 응축하고 문학적 완성도를 높이기 위해 정재된 작품으로 수사 기법을 적용 더욱 시적 감흥을 높인 것이 돋보인다. 이와 같이 "당신의 걸음이 시절 속에서 춤이 되니" 사랑의 흐름과 시간의 아름다움 결합하는 은유를 적용했으며, "잎들은 말없이 속삭인다" 자연을 감정의 언어로 전환하는 의인법을 적용했다. "나는 오직 당신을 사랑합니다" 독자 와의 정서적 교감을 강화하기 위해 나설기를 적용했으며 운율 및 반복 "곱게 늙어갈 / 우리라는 이름" 감정의 진폭을 차분히 강조한 것이 눈에 띈다.

   깊어가는 계절 속을 성숙한 사랑의 정서를 더욱 정련된 언어로 다듬어 냈으며 시간과 감정의 흐름을 한층 풍성하게 느낄 수 있도록 구성했다.

그대의 눈부신 하늘 아래

숨결처럼 내려앉는 눈발이
폭폭이 쌓여갈 즈음—
내가 살아내는 이 고요한 자리엔
봄의 길목을 여는 매화 한 송이,
해사하게 웃고 있습니다

굽이친 세월의 끝자락에서
마침내 되돌아오는 우리의 계절—
눈앞에서 피어나는 듯한
그리움의 향기,
그것은 다름 아닌
당신입니다

메마른 가지마다
슬픔의 앙금을 털어내며
다섯 조각 꽃잎마다
간절한 기다림을 꿰어 피운 매화는
오늘따라
바라보는 것마다
당신의 얼굴이 됩니다

흔들림 없이
사랑이라는 언어로 채운 약속,
시간의 파도를 건너
기어이 피워낸 그 꽃처럼—
어서 오소서
나의 앞에,

한 송이 매화 되어
봄 되어,
꽃 되어 피소서

그리움이 항해를 마치는 그 순간
그대 앞에 선 나 또한
꽃이 되어
그대를 맞으리니

─『매화처럼 꽃으로 다가오소서』 전문

「매화처럼 꽃으로 다가오소서」 이 시는 눈 덮인 겨울 끝자락에서 매화가 피어오르듯, 그리움 끝에 피어날 사랑의 도래를 기다리는 시인의 간절한 마음을 매화의 이미지에 겹쳐 표현한 작품이다. 정서를 더욱 응축하고, 시적 장치를 적극 활용하여 문학적 깊이와 감흥을 높이고자 많은 생각을 하며지은 시로 보인다.

이는 문학적 장치인 수사 기법을 적용한 것이기 때문이다. "시간의 파도를 건너… 피워낸 꽃" 기다림과 인연의 성취를 은유적 이미지로 표현했으며, "해사하게 웃고 있는 매화" 자연에 감정을 부여해 정서적 몰입 유도하는 의인법을 사용했다. 또한 "그대 앞에 선 나 또한 꽃이 되어" 화자의 변화를 감각적으로 전달하는 직유법을 사용했으며, "어서 오소서… 그대를 맞으리니" 독자 또는 그대와 직접 감정 공유하는 나설기를 적용했다. "꽃이 되어 / 봄 되어 / 그대 되어" 정서의 점층과 리듬을 통한 감동 강화한 점이 돋보인다. 시적 긴장과 감성의 밀도를 높여, 계절의 전환과 함께 찾아오는 사랑의 완성이라는 주제를 더욱 응축된 언어로 구현했다.

가슴 안에 울리는 진동

조윤희 시집

초 판 인 쇄	|	2025년 6월 25일
발 행 일 자	|	2025년 6월 30일
지 은 이	|	조윤희
펴 낸 이	|	김연주
펴 낸 곳	|	도서출판 성연
등 록	|	(등록 제2021-000008호)경남 창원
홈 페 이 지	|	https://cafe.daum.net/seongyeon2021
사 무 실	|	창원시 성산구 대원로 27번길 4(시와늪문학관 내)
디 자 인	|	배선영
편 집 인	|	배성근
대 표 메 일	|	baekim2003@daum.net
전 자 팩 스	|	0504-205-5758
대 표 전 화	|	010-4556-0573
정 가	|	15,000원
제 어 번 호	|	979-11-991649-3-2(03800)

☯ 저자와의 협약으로 인지를 생략합니다.
☯ **본 시집은 한국예술인복지재단 창작준비지원금 일부를** 지원받아 발간되었습니다
☯ 이 시집의 전부 또는 일부를 재사용하려면 반드시 지은이와 도서출판 성연에 동의를 얻어야 합니다.
☯ 본 지는 한국간행물 윤리위원회의 윤리강령 실천 요강을 준수합니다.
☯ 파본 된 책은 교환해 드립니다.

이 도서의 출판 예정 도서 목록(CIP) 은979-11-991649-3-2(03800)
국립중앙도서관 서지정보유통지원시스템 홈페이지(http://seoji.nl.go.kr/)와
국가자료목록시스템(http://www.nl.go.kr/kolisnet)에서 이용할 수 있습니다.